Answer Key

to Accompany

STUDENT ACTIVITIES MANUAL

Réseau

Communication, Intégration, Intersections

Seconde édition

Jean Marie Schultz

University of California, Santa Barbara

Marie-Paule Tranvouez

Wellesley College

PEARSON

Boston   Columbus   Indianapolis   New York   San Francisco   Upper Saddle River
Amsterdam   Cape Town   Dubai   London   Madrid   Milan   Munich   Paris   Montréal   Toronto
Delhi   Mexico City   São Paulo   Sydney   Hong Kong   Seoul   Singapore   Taipei   Tokyo

Editor in Chief: Bob Hemmer
World Language Assistant: Millie Chapman
Program Manager: Nancy Stevenson
Project Manager: Richard DeLorenzo
Art Director: Jayne Conte
Art Manager: Bruce Kenselaar
Senior Operating Specialist: Mary Fischer
Operations Specialist: Roy Pickering
Senior Digital Program Manager: Samantha Alducin
Media/Supplements Editor: Regina Rivera
Senior Vice President: Steve Debow
Composition/Full-Service Management: Revathi Viswanathan/PreMediaGlobal, Inc.
Cover Designer: Kathryn Foot
Cover Image: "La Grande Arche de La Defense Paris" © Paul Thompson Images / Alamy
Printer/Binder: RRD Harrisonburg

This book was set in 11/14 Adobe Garamond Pro

ISBN-10: 0-205-93345-9
ISBN-13: 978-0-205-93345-7

Chapitre 1   Les relations familiales

01-02

1. e
2. c
3. b
4. d
5. a

01-03

1. le père, la mère, Marc, Fabienne, Violette, la narratrice
2. Marc, Fabienne, Violette, la narratrice
3. Marc, Fabienne
4. se lave les cheveux, se maquille
5. se brosse les dents, se lave le visage, se peigne, se rase

01-04

1. une femme au foyer
2. un orphelin
3. se marier avec
4. la famille nucléaire
5. les arrière-grands-parents
6. le neveu
7. être enceinte
8. divorcer (de quelqu'un)
9. le gosse
10. l'aîné

01-05A

1. b
2. a
3. d
4. c

01-05B

5. b, c
6. a, b, c
7. a, d

01-06

1. ma grand-mère
2. monoparentale
3. jumelles
4. mariage
5. mal élevé
6. sévères
7. s'entendent bien
8. réprimande
9. gâtent
10. puni

01-07

1. fossé
2. strict
3. désobéissent
4. sacrifices
5. injuste envers
6. manque de communication
7. disputes
8. élever ses enfants
9. respecter
10. compréhensif

01-08A

1. Faux
2. Vrai
3. Vrai
4. Faux

01-08B

5. a, b, c
6. b, c
7. a, b, c

01-09 Suggested Answers

1. Oui, nous prenons nos vacances en juillet.
2. Oui, ils viennent en Bretagne aussi.
3. Oui, je connais bien la Bretagne.
4. Oui, en général, nous avons du beau temps.
5. Oui, nous faisons des balades au bord de la mer.
6. Oui, nous mettons des imperméables et des bottes.
7. Oui, ils doivent faire la cuisine pour tout le monde.
8. Oui, nous mangeons beaucoup de fruits de mer.
9. Oui, je sais faire les crêpes.
10. Oui, ils veulent toujours réunir leurs enfants.

01-10

1. détestent
2. devons
3. voulons
4. disputent
5. veut
6. se lave
7. prend
8. a
9. est
10. prend
11. se sert
12. s'en va

01-11

1. n'est pas
2. trouve
3. se trouve
4. voit
5. dit
6. va
7. rient
8. ne sais pas
9. ne connaît pas
10. es
11. refuse
12. fait
13. apprennent
14. s'entendent
15. se fiancent

01-12

1. se marient
2. viennent
3. ont
4. doivent
5. élèvent
6. le gronde
7. sont
8. désobéissent
9. ne les punissent pas
10. veulent

01-13

1. a
2. a
3. c
4. b
5. c
6. c
7. b
8. a

01-14

1. d
2. b
3. a

01-15

1. c
2. b
3. d

01-16

1. se réveille
2. réveille
3. Lève-toi !
4. t'habiller
5. se lève
6. se lave
7. se peigne
8. se dépêche
9. lavent
10. se lavent

01-17

1. vient de
2. suis en train d'
3. suis en train de
4. vient d'
5. est en train de

01-18

1. sont en train de
2. vient de
3. est en train de
4. viens de
5. être en train de

01-20

1. b
2. a
3. b
4. c
5. a
6. c

01-21

1. c
2. a
3. b
4. b
5. c

01-22 Suggested Answers

1. Je connais Adrien depuis trois ans.
2. Cela fait un mois que nous voulons nous fiancer.
3. Il travaille à Paris depuis 2010.
4. Il a fait des études pendant six ans.
5. Il y a deux ans que je sors avec lui.
6. Oui, je suis heureuse depuis que je suis avec lui.
7. Nous vivons ensemble depuis six mois.
8. Cela fait trois ans que je travaille à Paris.
9. Je travaille dans mon nouvel emploi depuis 2011.
10. Nous allons attendre un an.

01-23

1. il y a
2. Depuis
3. Cela fait
4. Depuis
5. pendant

01-24

1. Il y a
2. Depuis
3. Pendant
4. pendant
5. depuis qu'

01-25

1. c
2. d
3. f
4. a
5. b
6. e

01-26

1. Depuis combien de temps
2. Depuis quand
3. Pendant combien de temps
4. Depuis combien de temps
5. Depuis quand

01-29

1. Prenez
2. Voyez
3. Lis
4. Repose-toi
5. Fais
6. Ayez
7. Allez
8. Détendez-vous
9. Choisissez
10. Sois

01-30

1. e
2. d
3. a, c
4. g
5. f
6. h, b
7. b, c
8. b, c

01-31

1. mangeons
2. tiens
3. apprenez
4. sois
5. attendez votre tour
6. ne va pas
7. veuillez
8. ne regarde pas

01-32

1. Range
2. Attends
3. Choisissons
4. Sachez
5. Allons
6. Ne sois pas
7. Aie
8. Réveille-toi
9. Ne vous endormez pas
10. Finis

01-34

1. a, b
2. c, d
3. b, c
4. b, d

01-35

Aujourd'hui, c'est l'anniversaire de Josette. Papa et maman préparent une fête pour elle. Tous les amis de Josette sont invités et grand-père et Mémée vont venir aussi. D'abord, maman achète un gâteau qu'elle met dans la cuisine. Ensuite, elle prend des verres et des assiettes qu'elle dispose sur la table du jardin. Papa et maman entendent les enfants qui jouent et qui crient. La porte s'ouvre ; c'est Mémée. Grand-père la suit. Ils appellent Josette et lui donnent un gros ballon et une grande poupée. Josette saute dans les bras de grand-père, puis court avec le ballon et le jette à ses amis. Tous doivent essayer de le lancer.

01-36

1. poli
2. pendant
3. sors
4. orphelin
5. aie

Chapitre 2   Masculin/féminin : rôles

02-02

1. faire la vaisselle
2. faire la lessive
3. sortir avec
4. la lune de miel
5. un petit ami
6. s'entendre bien avec
7. se marier avec
8. la limitation des naissances
9. tondre la pelouse
10. s'occuper des enfants

02-03

1. jaloux
2. embrasse
3. est amoureuse
4. cherche un emploi
5. fait du jardinage
6. fait le ménage
7. élève ses enfants
8. divorce
9. séduisant
10. l'égalité

02-04A

1. d
2. a
3. c
4. d

02-04B

1. a, d
2. a, b, d
3. b, c, d
4. a, c
5. a, b, c

02-05

1. travailler à mi-temps
2. crèche
3. être dans la vie active
4. réussissent
5. s'épanouir

02-06A

1. Faux
2. Faux
3. Vrai
4. Vrai
5. Vrai

2-6B

6. a, b, d
7. a, c
8. b, c, d

02-07

1. a
2. b
3. b
4. a
5. a
6. b
7. a
8. a
9. b
10. b
11. a
12. b

02-08

1. F
2. F
3. F
4. M
5. M
6. M
7. M
8. F
9. M
10. F

02-09

1. f
2. g
3. i
4. e
5. j
6. a
7. d
8. h
9. c
10. b

02-10

1. une cousine
2. une sportive
3. une directrice
4. une sœur / une soeur
5. une héroïne
6. une boulangère
7. une gardienne
8. une reine
9. une institutrice
10. une marraine

02-11

1. boulangère
2. gardien
3. médecin
4. champions
5. pharmacienne
6. directrice
7. chanteuse
8. patronne

02-12

1. a
2. b
3. b
4. a
5. c
6. b
7. c
8. a

02-13

1. La jeune avocate
2. Ma tante, une femme médecin
3. deux institutrices, jumelles
4. La jeune veuve, la directrice
5. deux nièces, employées sérieuses
6. Cette chanteuse
7. La championne

02-14

1. b
2. b
3. a
4. b
5. a
6. b
7. b
8. b

02-15

1. détails
2. étudiants, travaux pratiques
3. bijoux
4. Messieurs, mesdames
5. yeux
6. bureaux
7. canaux
8. prix

02-16

1. c, d
2. a, c
3. a, d
4. b, d

02-18

1. b
2. d
3. b
4. a
5. a
6. b

02-19

1. un
2. les
3. une
4. des
5. le
6. du

02-20

1. de
2. un
3. du
4. de
5. de la
6. un
7. d'
8. de l'

02-21

1. b
2. a
3. b
4. a
5. b
6. a
7. b
8. a
9. a
10. a
11. b
12. b

02-22

1. de l'imagination
2. des devoirs intéressants
3. de critiques
4. de l'humour
5. de favoris
6. d'attitude négative
7. de la patience
8. de travail

02-23

1. un
2. du
3. du
4. de la
5. un
6. de
7. le/un
8. de

02-24

1. l'
2. le
3. des
4. Les
5. La
6. la
7. un
8. la
9. des
10. les

02-25

1. un
2. le
3. l'
4. de la
5. un
6. une
7. des
8. des
9. d'
10. un
11. d'
12. la

02-27

1. trop de patience
2. plus d'ordres simples
3. beaucoup de compétences
4. assez de temps libre
5. peu de risques
6. assez de calme

02-28

1. c
2. e
3. a
4. b
5. d

02-29

1. avez besoin
2. avez envie
3. manque
4. a envie
5. se passer

02-30

1. b
2. a
3. c
4. d
5. a
6. d

02-31

1. beaucoup de / la plupart des
2. beaucoup de / la plupart des, ont besoin de / ont envie de
3. manque de
4. plus d' / assez d', moins de
5. a envie de / a besoin de
6. se passer de, trop de, assez de

02-32

1. f
2. b
3. c
4. d
5. a
6. e

02-33

1. voiture de fonction, stock-options, bureau climatisé
2. Paul, Marion
3. Xavier, Sophie, Gabrielle
4. division de la vie, organisation du travail, obsession du pouvoir, obsession de la hiérarchie

02-34

1. a, c
2. a, b, d
3. a, c, d

02-35

Aujourd'hui, mon professeur entre en classe et dit : « nous allons parler de l'influence de la société sur l'identité sexuelle ». Grand silence ! Nous sommes tous un peu étonnés parce que nous sommes dans une école catholique. Certains sont même choqués ! Le prof nous dit que nous devons tous connaître cette théorie du genre parce qu'elle fait partie du programme du bac. Alors, commence un grand débat, très animé. Nous n'avons jamais tant parlé. Je ne sais pas quoi penser mais je suis content d'avoir eu cette discussion.

02-36

1. séduisant
2. crèche (down)
2. chanteuse (across)
3. de
4. épouser
5. vitraux
6. métier
7. peu

Chapitre 3   La vie urbaine

03-02

1. rénové
2. fréquenter
3. la foule
4. une boîte de nuit
5. être situé
6. se perdre
7. animé
8. tranquille
9. un centre commercial
10. efficace

03-03A

1. Faux
2. Faux
3. Vrai
4. Vrai
5. Faux

03-03B

6. b, c, d
7. a, c, d
8. a, b

03-04

1. les petites annonces
2. un appartement de trois pièces
3. propriétaires
4. le loyer
5. la périphérie
6. transports en commun
7. paisible
8. étage
9. immeuble
10. ascenseur

03-05

1. espace vert
2. loyer
3. étage
4. s'ennuyer
5. garer
6. rénové
7. louer

03-06A

1. b
2. c
3. a
4. d
5. b

03-06B

6. a, c
7. b, c
8. a, d
9. b, d

03-07

1. g
2. f
3. j
4. e
5. i
6. h
7. d
8. a
9. c
10. b

03-08

1. affreuse
2. anonyme
3. bruyante
4. complète
5. longue
6. nouvelle
7. délabrée
8. neuve
9. vieille
10. épaisse
11. sèche
12. spacieuse

03-09

1. belle
2. publics
3. animés
4. bruyantes
5. chères
6. spéciaux
7. résidentiel, originaux
8. culturelle

03-10

1. originale
2. première
3. ancienne
4. gentille
5. fraîche
6. folle
7. rousse
8. inquiète
9. douce
10. sèche

03-11

1. gros
2. épais
3. favori
4. complet
5. frais
6. gentil
7. muet
8. long
9. ancien
10. protecteur
11. sec
12. secret
13. heureux
14. blanc
15. travailleur
16. doux
17. fou
18. actif

03-12

1. Ma voisine est italienne
2. Sa maison est spacieuse
3. Elle a une énorme terrasse fleurie
4. Elle a une grosse voiture japonaise
5. Sa voiture est blanche et rouge
6. C'est une gentille voisine
7. Elle est active
8. Elle est discrète
9. Ses filles sont sportives mais douces
10. Elle est assez riche
11. Elle travaille pour la fonction publique
12. Elle a une activité partielle
13. C'est une voisine généreuse

03-13

1. c
2. b
3. a
4. c
5. c
6. b
7. c
8. b

03-14

1. élégants
2. mauvais
3. nouveaux
4. spacieuses
5. légaux
6. équipées
7. généraux
8. affreux
9. étroites
10. délabrés

03-15

1. belle, spacieuse
2. superbe, ancienne
3. originale, discrète
4. élégante, chère
5. gentilles, sympathiques

03-16

1. b
2. a
3. a
4. b
5. a

03-17

1. b
2. a
3. b
4. b
5. a
6. a
7. a
8. b
9. b
10. b
11. a
12. a

03-18

1. vieux / nouveaux
2. belle / petite / vieille / nouvelle
3. superbe / spacieuse / ancienne
4. bel / petit / vieil / nouvel
5. superbe /spacieux / ancien
6. belle / petite / vieille / nouvelle
7. équipée
8. superbe / spacieux / ancien
9. cher
10. superbe / calme

03-20

1. couramment
2. doucement
3. heureusement
4. rapidement
5. lentement
6. faussement
7. objectivement
8. fréquemment
9. poliment
10. naturellement
11. bien
12. énormément
13. précisément
14. constamment
15. mal
16. nouvellement
17. sèchement
18. profondément

03-21

1. a
2. a
3. a
4. a
5. b
6. a
7. b
8. b

03-22

1. constamment
2. beaucoup / énormément
3. beaucoup / énormément
4. bien / beaucoup / énormément
5. malheureusement
6. vraiment
7. Peut-être
8. mal
9. aveuglément
10. rapidement

03-24

1. faux
2. vrai
3. vrai
4. faux
5. vrai
6. faux
7. vrai
8. faux

03-25

1. a, d, h
2. c, e, i, j
3. b, f, g

03-26

1. plus
2. aussi
3. meilleur
4. mieux
5. meilleur marché

03-27

1. plus beau que
2. moins cher que
3. mieux
4. aussi compétents que
5. plus rapide qu'
6. moins bien, que
7. meilleurs que
8. aussi grand que
9. plus rapidement que
10. moins spacieuse que

03-28

1. c
2. a
3. b

03-29

1. la plus
2. les plus
3. le plus
4. des plus
5. les plus
6. les moins
7. les plus
8. la moins
9. les plus
10. le plus

03-30

1. le plus bel, du
2. le moins rapide de
3. la meilleure, du
4. le moins bien planifié
5. la meilleure, du
6. la plus belle

03-31

1. e
2. a
3. b
4. c
5. d

03-32

1. blanches, immaculées, rénovées
2. étroites, hautes, petites
3. en rang d'oignons, maigres
4. arbres, fleurs, pelouse
5. Kamel, Kofi, Omer, Mehdi
6. algérienne, africaine, turque
7. discuter, envoyer un CV, passer le temps
8. comptable, jardinier, mécanicien, peintre, professeur

03-33

1. a, b
2. b, d
3. b, c

03-34

Mokrane a 17 ans et veut être instituteur dans la banlieue parisienne. Il vient d'un quartier où vivent beaucoup de familles immigrées et où les enfants se sentent souvent victimes de discrimination sociale et raciale. Mokrane, lui, a de la chance parce que, tout petit, ses parents l'ont inscrit dans une école privée. À l'école, on lui dit qu'il peut choisir la profession qu'il veut et comme il réussit bien, il souhaite aider les autres jeunes. Il sait que si les enfants ne commencent pas à apprendre très tôt, ils vivent dans la rue et risquent de devenir délinquants.

03-35

1. foule
2. immeuble
3. meilleur
4. pareille
5. banlieue
6. heureusement
7. finals
8. loisirs
9. boutique

Chapitre 4 Politique, indépendance : identité française, identité acadienne et québécoise

04-02

1. ɔ
2. ɔ
3. o
4. ɔ
5. o
6. ɔ
7. ɔ
8. ɔ
9. o
10. ɔ

04-03

1. f
2. b
3. a
4. j
5. d
6. e
7. h
8. g
9. c
10. i

04-04A

1. c
2. d
3. b
4. d

04-04B

5. a, c, d
6. b, c
7. b, c, d

04-05

1. e
2. d
3. a
4. c
5. b

04-06

1. le président
2. la démocratie
3. l'égalité
4. socialiste
5. législatif
6. la commune

04-07A

1. Faux
2. Vrai
3. Vrai
4. Faux
5. Faux

04-07B

6. b, c
7. a, c, d
8. a, c

04-08

1. suis allée
2. avons pris
3. sommes arrivées
4. avons mis
5. ai décidé
6. s'est préparée
7. nous sommes promenées
8. sommes entrées
9. nous sommes installées
10. a observé
11. ai écouté
12. sommes parties

04-09

1. a
2. ont
3. a
4. est
5. ont
6. j'ai
7. ont
8. est
9. n'avons
10. sommes

04-10

1. a choisi
2. ont discuté
3. a pris
4. est allé
5. a rendu
6. est sorti
7. ne l'ont pas vu
8. s'est réveillé
9. est descendu
10. a su

04-11

1. née
2. devenue
3. installés
4. consacrée
5. faits
6. évoqué
7. voulu
8. rencontrées
9. produit
10. pu
11. exposé
12. engagée
13. été élue
14. choisie

04-12

1. c
2. d
3. b
4. a

04-13

1. a écrite
2. sont morts
3. est devenue
4. l'a lue
5. est venue
6. l'a étonnée
7. est rentrée
8. a créées
9. sont arrivés
10. a faits

04-14

1. naître
2. connaître
3. aller
4. entrer
5. s'inscrire
6. changer
7. devenir
8. venir
9. lire
10. déménager
11. se marier
12. entreprendre
13. être arrêté
14. avoir
15. recevoir
16. redescendre
17. organiser
18. obtenir
19. abattre
20. mourir

04-15

1. b
2. a
3. c
4. b
5. a

04-16

1. est né
2. est devenu
3. n'a pas été
4. a démissionné
5. est mort

04-17

1. faux
2. vrai
3. faux
4. faux
5. vrai
6. faux
7. vrai
8. vrai
9. vrai
10. faux

04-18

1. avait
2. voulait
3. étudiaient
4. trouvait
5. demandions
6. préférait
7. choisissait
8. disait
9. l'admirais
10. savait

04-20

1. d
2. f
3. b
4. c
5. a
6. e

04-21

1. s'est levée
2. ne voulait pas
3. savait
4. est arrivée
5. sélectionnaient
6. a demandé
7. a donné
8. est entrée
9. a mis
10. s'est approchée, a placé
11. a rencontré, sont allés
12. a appris

04-22

1. b
2. a
3. b
4. b
5. a

04-23

1. était
2. faisait
3. sont partis
4. avaient
5. croyaient
6. a vu
7. ont commencé
8. avons pensé
9. faisais
10. a déclaré
11. admirais
12. venais
13. ne comprenais pas
14. m'a parlé
15. a été

04-24

1. l'avait déjà fait
2. s'y était déjà rendue
3. l'avait déjà payée
4. l'avait déjà vue
5. était partie

04-25

1. étais descendu
2. avais rencontré
3. avais parlé
4. m'avait dit
5. avions pris
6. avais fait
7. avaient applaudi
8. avaient posé
9. étions partis

04-26

1. a voté
2. a toujours été
3. a évoqué
4. a persuadé
5. avait entendu
6. s'en est souvenue
7. avait mentionné
8. avaient étudié

04-27

1. me suis réveillé
2. J'étais
3. j'avais étudié
4. j'ai mis
5. j'ai préparé
6. j'avais
7. je suis parti
8. Je réfléchissais
9. j'ai rencontré
10. On a parlé
11. je ne savais plus
12. j'allais

04-28

1. c
2. b
3. c
4. a
5. a
6. b
7. b
8. b
9. c
10. b
11. a
12. c

04-29

1. ai voté
2. avais
3. avais étudié
4. avais écouté
5. me suis réveillée
6. voulais
7. pleuvait
8. avait
9. suis arrivée
10. ai dû
11. m'a donné
12. suis entrée
13. n'ai pas pu / ne pouvais pas
14. avais oublié
15. ai rempli

04-30

1. s'intéressait
2. voulait
3. savait
4. avaient dit
5. avait consultés
6. a su
7. avait réussi
8. avait gagné

04-31

1. Lille, Le Nord
2. catholique, patriote, traditionaliste
3. histoire, littérature
4. officier, sous-lieutenant, général
5. blessé, hospitalisé, prisonnier
6. Anne, Élisabeth, Philippe
7. commandement, gouvernement, résistance

04-32A

1. est en retard, a une interrogation, a peur
2. fait chaud, oiseaux chantent, l'armée s'exerce
3. courir dans le pré, manquer l'école
4. du bruit, les pupitres, les leçons, la règle du maître
5. calme, extraordinaire, solennelle, tranquille
6. douce, grave, patiente
7. nouveau maître, enseignement de l'allemand

04-32B

8. avait dit   a. dire
9. avait reçu   b. recevoir

04-32C

10. vint   a. venir
11. eus   b. avoir
12. courus   c. courir
13. entrai   d. entrer
14. fallut   e. falloir
15. regarda   f. regarder
16. dit   g. dire
17. enjambai   h. enjamber
18. assis   i. asseoir
19. remarquai   j. remarquer
20. dit   k. dire
21. bouleversèrent   l. bouleverser

04-33

1. a, b, c
2. b, c
3. a, c
4. b, c, d

04-34

L'année dernière, Elisabeth, jeune Américaine de 20
ans, est allée à Champlain, le village de ses ancêtres.
Depuis longtemps, elle voulait comprendre pourquoi
dans sa famille, on chérissait le français de génération
en génération. Elle est arrivée dans la ville de Montréal
où elle a loué une voiture. L'accent des Québécois,
au début, l'a beaucoup surprise mais elle s'est vite
habituée aux intonations et aux mots anciens. Ensuite,
elle a pris la route pour visiter les bords du Saint-
Laurent. Champlain est aujourd'hui un lieu historique
où les touristes s'arrêtent pour admirer la vue sur le
Fleuve Saint-Laurent, faire un pique-nique, visiter
les vieilles églises avant d'aller à Québec. Elizabeth
a décidé de passer deux jours dans une auberge pour
pouvoir faire une randonnée à bicyclette, rencontrer
des artistes régionaux et parler avec les habitants de la
vie locale. Tous étaient fiers de leur histoire et de leur
patrimoine.

04-35

1. ministre
2. anarchie
3. citoyen
4. adversaire
5. dictature
6. su
7. connu
8. fut
9. appris
10. bulletin
11. choisissions

Chapitre 5   La France : un kaléidoscope social

05-02

1. œ
2. ø
3. œ
4. œ
5. ø
6. ø
7. œ
8. œ
9. ø
10. ø

05-03

1. h
2. f
3. i
4. d
5. c
6. j
7. a
8. b
9. e
10. g

05-04A

1. b
2. c
3. c
4. c
5. d

05-04B

6. a, c
7. b, d
8. a, b, d
9. c, d

05-05

1. dénigre
2. SDF
3. ont mauvais genre
4. HLM
5. quartier pauvre
6. taudis
7. savoir-faire
8. gravir les échelons
9. avaient de bonnes manières
10. arriviste

05-06A

1. Vrai
2. Vrai
3. Faux
4. Faux
5. Vrai

05-06B

6. b, d
7. a, b, c
8. c, d
9. a, c
10. b, d

05-07

1. la pauvreté
2. la politesse
3. le snobisme
4. la supériorité
5. le raffinement
6. la charité
7. la sophistication
8. la bourgeoisie
9. l'infériorité
10. la condescendance

05-08

1. c
2. d
3. b
4. e
5. a

05-09

1. c
2. b
3. b
4. c
5. a
6. c

05-10

1. Qu'est-ce qui
2. Que
3. Qui
4. Qui est-ce que
5. quoi

05-11

1. Qu'est-ce que
2. Qui
3. qui
4. Qu'est-ce qui
5. quoi
6. Qui est-ce qu'
7. qui
8. Qu'est-ce que
9. que
10. qui est-ce que
11. Qui
12. Qu'est-ce que
13. Qu'est-ce que
14. Qu'est-ce qui
15. Que

05-12

1. b
2. c
3. a
4. b
5. a
6. b
7. c
8. c

05-13

1. Laquelle
2. duquel
3. auxquels
4. Lequel/Lesquels
5. Desquelles
6. Duquel
7. desquelles
8. lequel
9. À laquelle
10. lesquels

05-14

1. laquelle
2. lesquels
3. Duquel
4. Auquel
5. Desquelles
6. Lequel
7. lesquelles
8. Auxquels

05-15

1. Quelle
2. Quel
3. Quels
4. Quelles
5. Quelle

05-16

1. Quel
2. Quelles
3. quel
4. quel
5. quels

05-17

1. faux
2. vrai
3. vrai
4. faux
5. vrai
6. vrai
7. faux
8. vrai
9. faux
10. faux
11. faux
12. vrai
13. faux

05-18

1. Où
2. qui
3. Combien de
4. Qui
5. Qui
6. Quelles
7. Que
8. Quels
9. Pourquoi
10. Qu'est-ce qui

05-19

1. a
2. b
3. a
4. a
5. a
6. b
7. a
8. b
9. a
10. b

05-21

1. Le mien
2. La mienne
3. Les miens
4. Les siens
5. Le mien, les siens
6. Les nôtres

05-22

1. a
2. b
3. c
4. c
5. b
6. b

05-23

1. c
2. e
3. a
4. b
5. d

05-24

1. mes
2. ses
3. sa
4. mes
5. la nôtre
6. notre
7. mon/notre
8. leurs
9. vos
10. les nôtres/les miens

05-25

1. ses
2. sa
3. son
4. son
5. ses
6. ses
7. leurs
8. ses
9. son
10. ses
11. Mes
12. son
13. Mon
14. leur
15. son

05-27

1. a
2. b
3. c

05-28

1. c
2. d
3. e
4. a
5. b

05-29

1. personne
2. rien
3. personne
4. plus
5. Personne
6. jamais
7. personne
8. plus
9. nulle part
10. rien
11. aucun
12. ni ne
13. rien
14. plus
15. aucune

05-30

1. ne porte jamais
2. Aucun, ne parle
3. n'a jamais rien
4. Personne n'est
5. ne sont ni, ni
6. ne veulent, nulle part
7. ne croient plus
8. n'ont pas encore décidé

05-31

Answers may vary. Possible answers :
1. je ne vais jamais nulle part le weekend.
2. je n'ai vu ni pièce de théâtre ni film le weekend dernier.
3. personne ne m'a rien donné de spécial pour ma fête d'anniversaire.

05-32A

1. James et ses amis n'ont pas beaucoup d'argent.
2. La police ne leur a pas dit de quitter le local.
3. Malika craint de ne pas trouver de fruits au marché.
4. Gino ne peut parler à personne dans la rue.
5. Malika n'a rien trouvé au marché.
6. Gino ne veut jamais aller à Beaubourg.
7. James n'a plus de contacts avec sa famille.
8. James n'a ni congélateur ni four dans sa cuisine.
9. Aucun des amis de James n'a fait d'études.
10. James ne voulait demander de l'aide à personne.
11. Dans le local, il n'y a jamais eu de désordre nulle part.
12. Petit Luc n'est pas très doué pour la mécanique.

05-33A

1. aucun
2. ni
3. nulle part
4. rien
5. personne
6. n'ai pas encore
7. ne vais pas
8. ne doit jamais

05-33B

1. b
2. a
3. b
4. a
5. a
6. b
7. a
8. b
9. b
10. a

05-34

1. a, c, d
2. b, d
3. b, c

05-35

Ma mère vient d'une famille modeste. Mon grand-père était ouvrier rural et ma grand-mère s'est occupée de ses nombreux enfants. La pauvreté et les fins de mois difficiles faisaient partie de leur vie. Malgré tout, ils étaient d'une grande gaieté. Ils avaient toujours assez de nourriture parce que mon grand-père avait un jardin avec des légumes frais. Tous étaient courageux et remplis d'orgueil. Ils travaillaient tous beaucoup et voulaient réussir. Ma mère, par exemple, aimait lire tout ce qui lui tombait sous la main et a suivi des cours pour devenir secrétaire. Elle a travaillé dans un bureau où elle a rencontré mon père, un homme grand, calme, bien mis de sa personne, qui, lui, était comptable.

05-36

Horizontalement :
1. sophistication
3. mœurs
6. mendiant
7. parvenu
8. taudis
10. qui
11. rien

Verticalement :
1. snob
2. logis
4. revenu
5. jamais
9. duquel

Chapitre 6 La France : icônes culturelles

06-02

1. costumier
2. cuisinier
3. pâtissier
4. conseiller
5. jardinier
6. couturier

06-03

1. québécois
2. hongrois
3. suédois
4. danois
5. gaulois
6. crétois

06-04

1. haute couture
2. boutiques
3. vitrines
4. stylistes
5. se maquiller
6. parfum
7. look
8. faire des achats
9. prêt-à-porter
10. bon marché

06-05A

1. c
2. b
3. d
4. a
5. c

06-05B

6. b, d
7. a, b, c, d
8. b, c

06-06

1. g
2. h
3. i
4. c
5. d
6. j
7. e
8. b
9. a
10. f

06-07

1. femme
2. homme
3. femme
4. femme
5. homme, femme
6. homme
7. femme
8. homme, femme
9. homme, femme
10. femme

06-08A

1. Vrai
2. Faux
3. Vrai
4. Vrai
5. Vrai

06-08B

6. b, c
7. a, c
8. b, d
9. a, b
10. c, d

06-09

1. b
2. a
3. c

06-10

1. qui
2. qu'
3. qu'
4. où
5. que
6. dont

06-11

1. qui
2. qui
3. qu'
4. où
5. qu'
6. dont
7. où
8. qui
9. qui
10. qu'
11. dont
12. qui
13. qui
14. dont
15. qu'

06-12A

1. qui
2. qu'
3. qui
4. où
5. qu'
6. qu'
7. qui
8. qui

06-12B

1. a
2. b
3. b
4. a
5. b
6. a
7. b
8. b
9. b
10. a

06-13

1. qui
2. que
3. dont
4. où
5. qui
6. dont
7. qui
8. qu'
9. où
10. dont

06-14

1. d
2. a
3. e
4. b
5. a
6. d
7. a
8. b

06-16

1. c
2. a
3. d
4. d
5. c
6. a
7. d

06-17

1. qui
2. que
3. où
4. dont
5. ce qui

06-18

1. ce qu'
2. ce dont
3. tout ce qu'
4. ce qui
5. tout ce que
6. ce qui
7. ce dont
8. ce que
9. ce qui
10. ce dont / tout ce dont

06-19

1. ce que
2. ce que
3. ce qu'
4. ce qui
5. ce dont
6. ce qui
7. ce qu'
8. ce dont
9. ce qu'
10. ce qu'
11. ce dont
12. ce qui

06-21

1. b
2. c
3. b
4. c
5. b
6. a

06-22

1. sur laquelle
2. avec lesquelles
3. pour laquelle
4. avec lesquels
5. sur lesquels
6. pour lesquelles
7. dans laquelle
8. chez lequel

06-23A

1. qui
2. où
3. qui
4. dont
5. auquel
6. lesquelles
7. lequel
8. qui

06-23B

1. b
2. b
3. a
4. a
5. a
6. a
7. b
8. b

06-24

1. auquel
2. lequel
3. auxquelles
4. laquelle
5. lesquels
6. auquel

06-25

1. lesquelles
2. laquelle
3. lesquels
4. auquel
5. duquel
6. de laquelle

06-26

1. auquel
2. lesquelles
3. laquelle
4. auxquels
5. de laquelle
6. auxquels
7. lesquelles
8. auquel

06-27

1. par lequel
2. pour laquelle
3. sur lequel
4. sans laquelle
5. auxquels
6. à laquelle
7. dans lequel
8. auquel
9. sur laquelle
10. duquel

06-28

1. c
2. f
3. d
4. g
5. h
6. a
7. e
8. b

06-29

1. b
2. a
3. b
4. a
5. b
6. a
7. c

06-30

1. b
2. c
3. d
4. e
5. a

06-31

1. qui
2. où
3. auxquelles
4. qu'
5. qui/lequel
6. ce dont
7. où
8. que
9. qui
10. où

06-32

1. qui
2. dont/auxquels
3. laquelle
4. laquelle
5. ce qui
6. auxquels
7. où
8. que
9. dont
10. duquel

06-33A

1. commis municipal, percepteur, sous-chef de bureau
2. douces, honnêtes, honorables, pauvres, tranquilles
3. faux bijoux, théâtre
4. boucles d'oreilles, bracelets, colliers, peignes
5. cailloux du Rhin, fausses perles, verroteries
6. beauté, grâce
7. jouissance, passion, secret

06-33B

1. qui   a. sujet
2. laquelle   b. complément de la préposition à
3. que   c. objet direct
4. où   d. pronom relatif de lieu

06-34

1. b, d
2. a, b
3. b, c, d
4. a, c, d

06-35

Demain c'est l'anniversaire de mon amie, Marion. Comme je suis à Paris pour affaires, j'ai décidé d'aller à la boutique Guerlain sur les Champs Élysées pour lui acheter un parfum. Sans connaître grand-chose en parfum, je savais que les parfums Guerlain étaient tous de bons produits et de grande qualité. En entrant dans la boutique, une odeur, un arôme doux de fleurs m'a tout de suite inspiré poésie, élégance et sensualité mais je ne savais quel parfum choisir, le classique *Shalimar*, le plus moderne *Insolence* ou un parfum léger. Heureusement, une jeune femme s'est approchée de moi, m'a posé quelques questions sur les goûts de Marion, le type de femme qu'elle est. Finalement, j'ai choisi un nouveau parfum, frais et ambré, l'*Instant* de Guerlain.

06-36

1. couturier
2. auquel
3. smoking
4. maquillage
5. boutique
6. que
7. look
8. desquelles
9. foulard
10. mannequin
11. anorak
12. dont

Chapitre 7 La France bigarrée—un pays métissé et multiculturel

07-02

1. vivre
2. passeport
3. titre de séjour
4. immigrés
5. accueil
6. mal du pays
7. me suis adaptée
8. dépaysée
9. était d'origine
10. patrie

07-03A

1. c
2. b
3. b
4. d

07-03B

5. a, c
6. b, c
7. b, c, d
8. a, d
9. a, b, d

07-04

1. g
2. j
3. i
4. a
5. h
6. b
7. d
8. c
9. f
10. e

07-05

1. f
2. e
3. g
4. a
5. i
6. b
7. h
8. j
9. d
10. c

07-06A

1. Faux
2. Vrai
3. Vrai
4. Faux
5. Vrai

07-06B

6. a, c, d
7. b, d
8. a, c

07-07

1. fasse
2. aillent
3. réussissions
4. étudiions
5. reçoive
6. apprenne

07-08

1. rende
2. choisisse
3. apprenne
4. sois
5. sache
6. boive

07-09A

1. sois
2. viennent
3. puisse
4. fassions
5. soient
6. mette
7. aille
8. tiennent

07-09B

1. a
2. b
3. a
4. b
5. a
6. b
7. b
8. b
9. a
10. a

07-10

1. b
2. a
3. b

07-11

1. finisse
2. lisions
3. comprennes
4. regardions
5. étudiions
6. puissions
7. attende
8. voient

07-12

1. f
2. j
3. a
4. i
5. d
6. b
7. e
8. g
9. c
10. h

07-13

1. fasse
2. sachiez
3. vive
4. reçoive
5. veuille
6. choisissiez
7. aille
8. boive

07-14

1. soit venue
2. ait fait
3. se soit réveillée
4. aient compris
5. ait pu

07-15

1. soit
2. ait vu
3. se fassent
4. n'ait pas voulu
5. contienne
6. ait commencé

07-17

1. puissent
2. empêche
3. dises
4. sachent
5. ne soit pas
6. veuillent
7. ne soutienne pas
8. retardent
9. ayons appris
10. se fasse

07-18

1. b
2. a
3. b
4. a
5. b
6. b
7. a
8. a

07-19

1. ait
2. faut
3. vive
4. fasse
5. la comprenne
6. veuille
7. apprenne
8. se sent
9. puisse
10. se mette

07-20

1. aient immigré
2. trouve
3. fassent
4. deviennent
5. ait connu
6. ait fait
7. aient donné
8. connaissent

07-21

1. ait gagné
2. soit/ait été, l'ait découvert
3. connaisse
4. étudiions
5. se soient lancés
6. aille
7. soient allés
8. ait reçu
9. ait obtenu

07-23

1. d
2. b
3. c
4. e
5. a

07-24

1. Afin de
2. Quoiqu'
3. afin que
4. à condition qu'
5. de peur que

07-25

1. c
2. j
3. a
4. d
5. b

07-26

1. pour définir
2. sans perdre
3. pourvu qu', ne soit pas imposée
4. à moins que, devienne
5. jusqu'à ce que, puisse
6. afin que, aient

07-27

1. d
2. a
3. b
4. c/d
5. e

07-28

1. sois né
2. soient
3. aller
4. acheter
5. n'en aient plus
6. attendra
7. ait
8. arrivions
9. fassent
10. réussissent
11. ne veut pas
12. sachent

07-29

1. a
2. b
3. b
4. a
5. a
6. b
7. a
8. b

07-30

1. sans que, ne le sachent/le sachent
2. de crainte que, la punisse/ne la punisse
3. sans, apprendre
4. pourvu que, travaillions
5. avant que, n'ait émigré/ait émigré
6. de peur de, ne pas avoir
7. bien que, veuillent
8. pour, lui donner
9. jusqu'à ce que, obtenions/ayons obtenu
10. à condition qu', ait

07-31

1. d
2. b
3. c
4. b
5. d
6. b
7. c

07-32

1. sache
2. soit
3. aie jamais eu
4. a travaillé/travaillait
5. serve
6. aie jamais mangé
7. puisse
8. a commandé
9. ait jamais essayé
10. veut

07-33

1. le droit de devenir français, le droit de vivre en France
2. sa culture, son origine
3. sa conduite, sa langue, ses mœurs, ses vêtements
4. le jugement, les préjugés, les idées reçues
5. sa culture, sa religion

07-34

1. a, b, c
2. b, c
3. a, b, d

07-35

Mon ami Raj est né en France. Ses parents, tous deux ingénieurs, sont venus étudier à Paris et y sont restés mais sans prendre la nationalité française parce qu'ils ont toujours eu l'intention de retourner en Inde. Raj, lui, à dix-huit ans, est devenu automatiquement français ; d'ailleurs, il se sent plus parisien que moi et ne conçoit pas de vivre ailleurs qu'en France. Quelquefois, en le voyant, les gens pensent qu'il est touriste ou étranger mais dès qu'il ouvre la bouche, on reconnaît son accent parisien. Bien qu'il s'identifie à la France, ses parents lui ont transmis leurs propres traditions et lui ont donné une ouverture d'esprit ainsi qu'une grande tolérance pour les différences culturelles.

07-36

1. immigration
2. quoique
3. fasse
4. acculturation
5. passeport
6. sachions
7. gratuit
8. falloir
9. accueil
10. souhaiter
11. premier
12. choisisses
13. lien

Chapitre 8   La Francophonie

08-02

1. Z
2. S
3. Z
4. Z
5. S
6. Z
7. Z
8. S
9. S
10. Z

08-03

1. faire un voyage
2. rêvais
3. prendre des photos
4. ai fait ma valise
5. appareil photo
6. passeport/visa
7. visa/passeport
8. agent de voyages
9. guide
10. ont accueilli chaleureusement

08-04A

1. Vrai
2. Faux
3. Faux
4. Vrai
5. Faux

08-04B

   6. a, b, d
   7. b, d
   8. c, d

08-05

   1. i
   2. h
   3. d
   4. b
   5. f
   6. a
   7. c
   8. g
   9. j
  10. e

08-06

   1. accueilli
   2. condescendant
   3. exploité
   4. dépaysé
   5. maghrébin
   6. postal
   7. francophone
   8. complaisant
   9. tunisien
  10. colonisable/colonisé

08-07A

   1. a
   2. c
   3. d
   4. d

08-07B

   5. a, b, c, d
   6. b, d
   7. b, c

08-08

   1. c
   2. b
   3. c
   4. a
   5. d

08-09

   1. b
   2. e
   3. d
   4. g
   5. c
   6. h
   7. a
   8. f

08-10

   1. f
   2. b
   3. b
   4. e
   5. f
   6. f
   7. b
   8. d

08-11

   1. j' en
   2. y
   3. J' en
   4. eux
   5. en
   6. les
   7. en
   8. m'y
   9. n'en
  10. la
  11. l'
  12. s'y

08-12

   1. les
   2. leur
   3. y
   4. en
   5. vous
   6. y
   7. lui
   8. la
   9. m'
  10. y

08-13

1. lui
2. y
3. en
4. l'
5. les
6. leur
7. les
8. y

08-14

1. b
2. a
3. a
4. b
5. b
6. a
7. a
8. b

08-16

1. y
2. en
3. l'y
4. vous, la
5. y en
6. les, leur
7. lui, en
8. y
9. les, y
10. en

08-17

1. e
2. g
3. h
4. a
5. d
6. b
7. f
8. c

08-18

1. en
2. y
3. y
4. y
5. l'
6. leur
7. eux
8. elles
9. leur
10. y

08-19

1. leur en
2. le lui
3. les y
4. lui, m'en
5. nous l'
6. y en
7. les leur
8. l'y
9. y
10. vous en

08-20

1. Nous les avons étudiés.
2. Elle l'a affectée.
3. Ils leur en parlent rarement.
4. Nous y en discutons quelquefois.
5. Je ne les leur ai pas encore présentées.
6. Oui, ils ont en beaucoup.
7. Elles se méfient sûrement d'eux.
8. Ils les y insèrent souvent.

08-21

1. le moi
2. l'y
3. les lui
4. me le
5. nous en

08-22

1. a, b, d
2. a, b
3. b, c
4. c, d
5. a, c, d

08-23

1. Envoie-lui-en
2. Donnons-la-lui
3. Lis-le-leur
4. Parlez-nous-en
5. Décrivez-la-moi

08-24

1. e
2. f
3. j
4. b
5. i
6. c

08-25

1. moi / lui
2. lui et moi
3. moi
4. eux
5. lui / eux

08-26

1. Moi
2. eux
3. nous
4. Moi
5. Eux
6. moi
7. elle, moi
8. Moi, elle
9. eux, nous
10. moi

08-27

1. a, b
2. b, d
3. a, d
4. b, c, d
5. a, c

08-28

1. elle
2. eux
3. lui, elle
4. eux

08-29

1. b
2. b
3. c
4. c
5. a
6. b

08-30

1. lui, moi
2. lui
3. eux
4. moi
5. nous
6. elles
7. elle
8. moi
9. eux
10. toi

08-31

1. b
2. d
3. a

08-32

1. les
2. elle
3. y
4. en
5. y en
6. nous le
7. me l'

08-33

1. y
2. en
3. eux, y
4. elles
5. eux
6. y en
7. les y

08-34

1. francophone, indienne, mauricienne
2. anglais, créole, français, télougou
3. anthropologie, ethnologie, littérature
4. exclusion, identité, langue
5. lyrique, poétique, tragique
6. affranchissement, enfermement, prostitution, solitude

08-35

1. b, c
2. b, c, d
3. a, b
4. a, c, d

Pendant l'été 2008, je suis allé au Québec avec plusieurs amis. Je voulais aller dans un pays francophone parce que je ne parle pas couramment anglais et moi je n'aime pas avoir de problèmes de langue en vacances. Mes amis, eux, tenaient à faire ce voyage parce que la ville de Québec célébrait son 400ème anniversaire. Nous avons trouvé un charmant petit hôtel au cœur de la vieille ville d'où l'on apercevait le château Frontenac. Pendant plusieurs jours, mes amis et moi avons exploré les rues étroites de la ville, les boutiques et les galeries d'art. Nous avons aussi fait une excursion sur le Saint-Laurent et l'office du tourisme nous a suggéré de visiter le spectaculaire Canyon Sainte-Anne. C'est une chute d'eau impressionnante traversée par plusieurs ponts suspendus. Sur le chemin du retour, nous avons visité la magnifique Basilique Sainte-Anne de Beaupré. Ce voyage m'a enthousiasmé d'une part parce que les Québécois sont très sympathiques et d'autre part parce que tout en ayant conservé leur héritage français, ils ont inventé une identité métisse, unique et originale.

08-37

1. carte
2. appareil
3. souvenir
4. le
5. excursion
6. lui
7. guide
8. douanier
9. francophile
10. eux
11. timbre
12. moi
13. fouiller

Chapitre 9   Intersections esthétiques : architecture, peinture, sculpture

09-02

1. différent
2. identique
3. différent
4. différent
5. identique
6. différent
7. différent
8. identique
9. identique
10. différent

09-03

1. dramaturge
2. pinceau
3. toile
4. peindre
5. tableaux
6. atelier
7. chansons
8. chanter
9. faire des photos
10. appareil photo

09-04A

1. c
2. c
3. d
4. a
5. b

09-04B

6. a, c, d
7. c, d
8. a, b, d
9. a, c

09-05

1. doués
2. appareil numérique
3. gargouilles/arcs-boutants/vitraux
4. arcs-boutants/gargouilles/vitraux
5. vitraux/gargouilles/arcs-boutants
6. peinture à l'huile
7. texture
8. l'aquarelle
9. estompées
10. don

09-06

1. peinture
2. photographie
3. danse
4. architecture
5. sculpture
6. roman
7. musique
8. poésie
9. opéra
10. théâtre

09-07A

1. Vrai
2. Faux
3. Vrai
4. Vrai

09-07B

5. a, b, c, d
6. a, d
7. b, d

09-08

1. m'y intéresse
2. ne me suis pas mise
3. me suis inscrite
4. s'expriment
5. nous concentrons
6. nous ennuyons
7. ne se sont jamais endormis
8. ne s'est jamais fâché
9. nous entendons
10. n'allons pas nous marier

09-09

1. c
2. e
3. f
4. d
5. a
6. b

09-10

1. me suis réveillé
2. s'était couché
3. se lever
4. me suis fâché
5. s'est habillé
6. se passer
7. s'arrêter
8. s'est détendu
9. me suis impatienté
10. s'est disputé
11. s'en est allé
12. me suis contenté
13. me suis demandé
14. se moque
15. me souviendrai

09-11A

1. s'intéressent
2. nous consacrons
3. s'est mis
4. se passer
5. se sont aperçus
6. s'est développé
7. s'est rendu compte
8. s'est inscrite
9. se contentait
10. s'exprime
11. me souviens
12. m'être amusée

09-11B

1. b
2. a
3. a
4. b
5. a
6. b
7. a
8. b

09-12A

1. se lance
2. s'intéresser
3. s'installe
4. s'adapte
5. se lier
6. s'inspirer
7. S'intéressant
8. s'avance
9. s'influencer
10. s'améliorer
11. s'inscrire
12. se rend
13. s'intégrer
14. Se plaignant
15. se suicidera

09-12B

1. marchand, pasteur
2. commerce, peinture, théologie
3. Bruxelles, La Haye, Paris
4. couleur, lumière, stylisation
5. natures mortes, paysages, portraits, scènes de rues
6. agitation, bruit, froid
7. Arles, Saint-Rémy
8. hôpital, troubles psychiatriques, suicide

09-13

1. b
2. a
3. a
4. c
5. b
6. b
7. d
8. d

09-14

1. s'est mise
2. s'est levée
3. s'est rappelé
4. s'est vite habituée
5. s'est rendu compte

09-15

1. me suis réveillée
2. me suis douchée
3. me suis habillée
4. me suis brossé
5. suis partie
6. me suis demandé
7. me suis trompée
8. suis arrivée
9. me suis présentée
10. me suis rendu compte
11. me suis fâchée
12. me suis dépêchée
13. suis revenue
14. s'est souvenue
15. s'est occupée

09-16

1. b
2. b
3. a
4. c
5. a
6. c
7. b
8. c
9. c
10. b
11. c
12. b

09-18

1. f
2. c
3. e
4. b
5. a
6. d

09-19

1. visiter
2. être allée
3. s'être renseignée
4. s'inscrire
5. avoir obtenu

09-20

1. Avant de devenir
2. Après avoir écouté
3. Après avoir vu
4. avant de mourir

09-21

1. d
2. a
3. f
4. b
5. h
6. c
7. e
8. g

09-22

1. à
2. de
3. à
4. de
5. de
6. à
7. à
8. de
9. à
10. à
11. de
12. de
13. de
14. à
15. à
16. de

09-23

1. de
2. à
3. de
4. à
5. de

09-24

1. à
2. à
3. à
4. X
5. X
6. à
7. X
8. de
9. de
10. X
11. à
12. d'
13. de
14. de
15. à
16. à
17. à
18. de
19. X
20. de
21. de
22. de
23. de
24. de
25. de

09-25

1. d
2. c
3. b
4. a
5. d
6. d
7. a
8. b

09-26

1. ayant
2. étant allé
3. s'intéressant
4. se sentant
5. aimant

09-27

1. a
2. b
3. a
4. b
5. a
6. a
7. a

09-28

1. en se promenant
2. en copiant
3. en travaillant
4. en peignant
5. en allant

09-29

1. en écoutant de la musique.
2. en courant.
3. en faisant du ski.

09-30

1. tout en scandalisant
2. en se rebellant
3. s'opposant
4. Ayant été
5. partageant
6. en imitant
7. tout en étant
8. Cherchant

09-31

1. en courant, en criant
2. en dessinant
3. Sachant, en donnant
4. Ayant obtenu
5. Ayant
6. En attendant

09-32

1. c, d
2. b, c
3. a, c

9-33

Édouard Manet est né à Paris, en 1832, dans une famille de la haute bourgeoisie. À 16 ans, il s'engage sur un bateau école pour aller à Rio mais il trouve le temps de faire de nombreux dessins. De retour à Paris, il suit des cours aux beaux-arts. Étant convaincu qu'il doit peindre ce qu'il voit et non ce qui plaît aux autres, Manet créera beaucoup de tableaux évoquant la réalité contemporaine. Se révoltant contre les conventions académiques et le puritanisme de son époque, il représentera des scènes de la vie quotidienne. En 1863, il expose son tableau le plus célèbre *Le Déjeuner sur l'herbe* au « Salon des refusés ». C'est un scandale ! Quelques années plus tard, il devient ami avec Zola et tous les peintres impressionnistes et grâce à eux se sensibilise aux jeux de lumière. Précurseur des Impressionnistes, son talent est reconnu de son vivant et sa gloire ne cesse d'augmenter.

9-34

1. paysagiste
2. impressionnistes
3. dramaturge
4. aquarelle
5. sculptrice
6. toile
7. esquisse
8. tapisserie
9. de
10. ayant
11. voyageant
12. manifester
13. avant
14. argile

Chapitre 10 Regard sur la France : le septième art ou le cinéma

10-02

1. a
2. a
3. b
4. a
5. c
6. d

10-03

1. films à suspense
2. personnage principal
3. drame psychologique
4. ennuyeux
5. succès
6. metteur en scène
7. film en noir et blanc
8. acteurs
9. sous-titres
10. scénario

10-04A

1. Vrai
2. Faux
3. Faux
4. Faux
5. Vrai

10-04B

6. b, d
7. a, c, d
8. b, c

10-05

1. effets spéciaux
2. accessoires
3. géniaux
4. bruitage
5. musique de fond
6. navet
7. produit/tourne
8. prix
9. doublés
10. tourner/produire

10-06

1. en version originale
2. un gros plan
3. l'écran
4. les effets spéciaux
5. le bruitage
6. l'acteur
7. un film d'épouvante
8. un prix
9. le générique
10. un dessin animé

10-07A

1. c
2. d
3. a
4. b

10-07B

5. b, c
6. a, c
7. b, d

10-08

1. vais le voir
2. vas beaucoup aimer
3. n'allons pas manger
4. va dîner
5. vais préparer

10-09

1. m'inscrirai
2. irai
3. suivrai
4. donneront
5. essaierai
6. faudra
7. sera
8. aidera
9. permettront
10. ferai
11. vendrons
12. voudrons
13. aura
14. deviendrons

10-10

1. d
2. f
3. b

10-11A

1. m'inscrirai
2. seront
3. pourrai
4. servira
5. ferai
6. remarquera
7. permettront
8. passerai
9. essaierons
10. deviendrons

10-11B

1. b
2. b
3. a
4. a
5. b
6. a
7. b
8. a

10-12

1. aurons
2. veut
3. t'amènerai, le passera
4. chercherez
5. t'appellera
6. achètes
7. nous attendront
8. viendras

10-13

1. auras joué
2. auras peut-être appris
3. aura fallu
4. n'auront pas eu
5. auras développé

10-14

1. c
2. b // d
3. b // c
4. a
5. b

10-15

1. je serai
2. devras
3. seras sûrement arrivée
4. te retrouverai
5. J'aurai mangé
6. prendra

10-17

1. collaborerait
2. ferait
3. participerait
4. recevrait
5. lirait
6. choisirait
7. penserait
8. aurait
9. transmettrait
10. verrait
11. concevrait
12. serait

10-18

1. a
2. b
3. b
4. a
5. b
6. b
7. a
8. b
9. a
10. b

10-19

1. d
2. b
3. c
4. c
5. a
6. c

10-20

1. a
2. c
3. a
4. b
5. a
6. c
7. a
8. b

10-21

1. pourriez, politesse
2. t'accompagnerait, futur du passé
3. serais, futur du passé
4. vous perdriez, expression idiomatique
5. aimerais, souhait
6. produirait, hypothèse
7. auriez, politesse
8. auriez, hypothèse
9. voudrions, souhait
10. enverrait, futur du passé

10-22

1. b
2. b
3. b
4. c
5. b
6. b
7. a
8. a

10-23

1. aurait voulu
2. aurait aimé
3. auraient souhaité
4. serais allé/serais allée
5. aurait pris

10-24

1. se serait marié
2. aurait fait
3. auraient vécu
4. aurait eu
5. aurait joué

10-25

1. dois, doit, devrions
2. aurais dû, doit
3. devait, a dû
4. devriez
5. devait, aurait dû

10-26

1. devrais
2. devais
3. a dû
4. doit
5. aurait dû
6. doivent

10-28

1. me serais renseignée
2. serais allée
3. aurais fait
4. aurais assez cultivé
5. aurais convaincu
6. auraient beaucoup encouragée
7. aurais acheté
8. me serais inscrite

10-29

1. f
2. a
3. h
4. c
5. g
6. b
7. e
8. d

10-30

1. ira
2. aurais achetés
3. demandez
4. aura
5. choisirait
6. se comportait
7. avait décidé
8. vois
9. n'aurait pas écrit
10. voyez
11. ne ferait pas
12. invitera
13. venais
14. avais été
15. auriez mieux apprécié

10-31

1. souriais
2. réaliseras
3. fais
4. demanderait
5. avait eu
6. n'aurions jamais parlé
7. s'en vont
8. n'aurait pas rencontré

10-32A

1. classique, culte, véridique
2. paysan, soldat
3. intellectuel, moral, physique
4. amour, bonheur, surprise
5. brillant, intelligent, nuancé
6. authentique, émouvante, forte

10-32B

1. c
2. b
3. c
4. a

10-33

1. a, b
2. a, b, d
3. b, d

10-34

Un jour, Momo, qui se méfiait toujours des gens, est allé voir Monsieur Ibrahim. Celui-ci lui a demandé pourquoi il ne souriait jamais. Momo a répondu que le sourire c'était un truc de riches. Monsieur Ibrahim, lui, a rigolé en disant à Momo qu'il devrait essayer. Alors, là, Momo a dit que le sourire c'était pour les gens heureux. Monsieur Ibrahim a répliqué que sourire rendait heureux et qu'il ferait bien d'essayer. Il a expliqué que si Momo était aimable et souriant, il obtiendrait tout ce qu'il voudrait. Le jour suivant, Momo a souri à l'école et dans la rue et tout le monde lui a accordé ce qu'il souhaitait. Il a même voulu sourire à son père. Si ce truc marchait avec son père, peut-être celui-ci finalement l'embrasserait. Hélas, son père est resté fermé et lui a dit qu'il avait les dents en avant et aurait besoin d'un appareil. À partir de ce jour-là, tous les soirs, après l'école, Momo est allé voir M. Ibrahim.

10-35

1. muet
2. lent
3. ennuyeuse
4. doubler
5. effrayant
6. faudrait
7. bruitage
8. accessoires
9. amusant
10. devrais
11. trucage
12. intrigue
13. tourner
14. aurai
15. navet

Chapitre 11 La France vue d'ailleurs

11-02

1. v
2. f
3. v
4. f
5. v
6. v
7. f
8. f
9. v
10. f

11-03

1. fier d'
2. bilingue
3. bilinguisme
4. confiance en soi
5. apprécier
6. appartient
7. conscient
8. façon
9. identité
10. mœurs

11-04A

1. c
2. b
3. d
4. a

11-04B

5. a, c, d
6. b, c
7. a, b, d

11-05

1. a
2. a
3. b
4. b
5. a
6. a
7. b
8. a
9. a
10. a

11-06

1. affligeante/déplorable/exécrable
2. s'identifie
3. franciser
4. porte un jugement
5. déplorable/exécrable/navrant
6. nombrilisme
7. coupée
8. déplorable/exécrable/navrant/affligeant
9. déplorable/exécrable/navrant/affligeant
10. perçoivent comme

11-07A

1. Faux
2. Vrai
3. Vrai
4. Faux
5. Faux

11-07B

6. a, c
7. a, b, d
8. a, b

11-08

1. c
2. d
3. c
4. a
5. b
6. c

11-09

1. Cet
2. ces
3. cette
4. Ces
5. ce
6. cette
7. ces
8. ces
9. cet, ci
10. cet, là

11-10

1. celle
2. ceux
3. celui
4. celle
5. ceux
6. celle
7. ceux
8. celles

11-11

1. b
2. b
3. a
4. a
5. b
6. a
7. b
8. b

11-12

1. Ceux
2. Ceux
3. Celle-ci
4. Celle-là
5. Celui
6. ceux
7. celles
8. celles
9. celle-ci
10. celle-là

11-13

1. cette
2. c'
3. Celui
4. c'
5. Ce
6. cet
7. Celles
8. Ceci
9. cela
10. cette

11-14A

1. C'est
2. Ce
3. Celles-ci
4. Ces
5. Ce sont
6. celle
7. ceux
8. Cette
9. ces
10. Ce

11-14B

1. a
2. a
3. b
4. a
5. b
6. b
7. a
8. a
9. b
10. b
11. a
12. a

11-15

1. c
2. a
3. c
4. b
5. b
6. a

11-16A

1. ceux
2. c'
3. Cette
4. cet
5. ce
6. ce
7. Cette
8. celles
9. ce
10. ces

11-16B

1. arrogance, orgueil
2. archaïque, petit, statique
3. a une opinion, récite des principes, prétend à l'universalité
4. admiration, prestige, réputation
5. gastronomie, luxe, mode
6. aéronautique, biotechnologie, télécommunications

11-17

1. C'est
2. Elle est
3. C'est
4. Il est
5. c'est

11-19

1. il fait beau
2. il fait chaud
3. il fait sec
4. il fait du vent
5. il gèle
6. il fait soleil

11-20

1. c
2. e
3. b

11-21

1. il s'agit
2. il va de soi que / il va sans dire que
3. il y a
4. il arrive que
5. il va de soi qu' / il va sans dire qu'

11-22

1. a, c
2. a, b, d
3. b, c, d
4. a, c, d

11-23

1. il arrive
2. il convient
3. il s'agit
4. était temps
5. Il va de soi
6. il est question

11-24

1. il est important/il est nécessaire/il est essentiel/il arrive
2. il s'agit
3. il faut
4. Il est possible/Il arrive
5. il est nécessaire/il est important/il est essentiel
6. il ne convient pas
7. Il arrive/Il est possible
8. il est nécessaire/il est essentiel/il est important
9. il est évident/il va de soi
10. il va de soi/il est évident

11-25

1. Fais-toi faire
2. Fais répéter
3. Faites-vous expliquer
4. Fais sourire
5. Fais écrire
6. Fais-toi couper
7. Faites livrer
8. Faites décrire

11-26

1. fait envoyer
2. a fait réparer
3. s'est fait faire
4. s'est fait couper
5. fera venir
6. a fait écrire
7. fait peindre
8. a fait tomber
9. fait ressembler
10. faisait réciter

11-27

1. font lire
2. avaient fait durer
3. a fait analyser
4. fera discuter
5. faisait venir
6. se feront expliquer
7. s'est fait insulter
8. vous faire élire

11-28

1. a
2. b
3. a
4. b
5. b
6. a
7. a
8. b

11-29

1. c
2. e
3. g
4. a
5. d
6. h
7. b
8. f

11-30

1. ai entendu/ai écouté
2. entend
3. a laissé/laisse
4. voyons/avons vu
5. entendons/avons entendu
6. laissaient
7. avez entendu
8. a senti/a entendu
9. laissez/écoutez
10. écouter

11-31

1. b, d
2. a, c
3. a, b, c, d

J'aime bien les Français et je connais bien la France parce que depuis que je suis tout petit mes parents passent leurs vacances en Bretagne. Ils m'ont même fait faire des stages de voile avec d'autres enfants et je m'exprime assez bien. Bien sûr, les Français ont tendance à se prendre pour le nombril du monde mais ce n'est qu'un gentil défaut. Il faut les laisser croire en leur importance parce qu'honnêtement, ils savent bien que leur puissance et leur influence ont beaucoup diminué. Ils projettent une image de chauvins, dit-on, mais ils n'ont pas tout à fait tort. On vit bien en France, on mange bien et généralement on s'amuse bien. Le Français aime discuter ; il a toujours quelque chose à dire sur n'importe quel sujet. Souvent, il dit non et il n'écoute pas son interlocuteur mais c'est parce qu'il se passionne pour les affaires du monde. Si on comprend que ce n'est pas bien méchant, alors on peut goûter pleinement ces discussions.

11-33

1. causatif
2. silencieux
3. laisser
4. puissance
5. brouillard
6. cette
7. habitude
8. angliciser
9. arriver
10. navrant
11. ceux
12. celui
13. rayonnement
14. nombrilisme
15. bilinguisme
16. chauvinisme

Chapitre 12 La France et l'Europe

12-02

1. tire
2. doute
3. don
4. trois
5. teint
6. doigt
7. temps
8. du
9. monte
10. vide
11. code
12. tard

12-03

1. L'unification, l'identité la diversité
2. La constitution, la paix
3. valeurs, s'unir, la souveraineté, l'adhésion, rayonner

12-04A

1. d
2. b
3. c
4. b

12-04B

5. b, c
6. a, c
7. a, b, c, d

12-05

1. une alliance
2. la paix
3. l'identité
4. la coopération
5. le réchauffement
6. la sauvegarde
7. le commerce
8. un traité
9. l'adhésion
10. agricole

12-06

1. mondialisation
2. protection de l'environnement
3. espèces animales menacées
4. réchauffement planétaire
5. sécurité alimentaire
6. biotechnologie
7. énergies renouvelables
8. coopération
9. monétaire
10. investissements

12-07A

1. Vrai
2. Faux
3. Faux
4. Vrai
5. Vrai

12-7B

6. a, c
7. a, b, d
8. b, c
9. b, c, d

12-08

1. passif
2. actif
3. passif
4. actif
5. actif
6. passif
7. passif
8. passif
9. actif
10. passif

12-09

1. b
2. a
3. a
4. b
5. a
6. b
7. a
8. b

12-10

1. a
2. a
3. c
4. a
5. b

12-11

1. n'a pas
2. discutaient
3. imposera
4. pourraient abandonner

12-12

1. approuvée par
2. promulguées par
3. affecté par
4. changé
5. aidées par
6. décidé par
7. protégées par
8. respectée de
9. favorisé par
10. considérés

12-13

1. La France et les Pays-Bas n'ont pas approuvé la constitution européenne.
2. Le Conseil européen promulguera des lois pour protéger l'environnement.
3. La pollution et la déforestation affectent le climat.
4. On a changé le système monétaire en 2002.
5. L'Union européenne a aidé les victimes des grands incendies en Europe.
6. Le Parlement et le Conseil décideront le budget européen.
7. La constitution doit protéger la langue et la culture de chaque pays.
8. Il faut que tous respectent la diversité nationale.
9. L'Union européenne favoriserait le développement économique.
10. Même au XVIIIème siècle, on considérait les droits de l'homme importants.

12-14A

1. a été créée
2. a été établie
3. ont constitué
4. est formée
5. ont souscrit
6. ont embrassé
7. être acceptés
8. respecter
9. est élu
10. renforce

12-14B

1. assurer la sécurité, défendre la paix
2. Belgique, France, Italie, Luxembourg, Pays-Bas, RFA
3. commerce, relations sociales
4. démocratie, égalité, respect des droits humains
5. Parlement européen, parlements nationaux

12-15

1. c
2. a
3. b
4. c
5. b
6. a

12-17

1. Plusieurs/Divers/Quelques/Certains
2. diverses/certaines
3. certains
4. autres
5. quelques/plusieurs/certains
6. tous
7. aucun

12-18

1. b, c, d
2. a, b
3. a, b, c, d
4. c, d

12-19

1. tous
2. chaque
3. Différentes
4. quelques/plusieurs/diverses
5. Certains/Plusieurs/Quelques
6. autres
7. Quelques/Certaines
8. même
9. aucune/nulle
10. plusieurs/certaines/diverses

12-20

1. quelques-uns
2. Certains
3. autres
4. chacun
5. Aucune
6. quelque part
7. quelque chose
8. tout
9. plusieurs/certains
10. chacun

12-21

1. e
2. f
3. g
4. b
5. d
6. h
7. a
8. c

12-22

1. Aucun de mes amis/Nul de mes amis
2. ne, nulle part
3. Aucun de mes amis/Nul de mes amis
4. n', aucune/nulle
5. ne, rien
6. Aucun/Nul, ne
7. Quelque chose
8. Aucun/Nul, ne

12-23A

1. d'autres
2. Chacun
3. aucun
4. toutes
5. les autres
6. tous les
7. plusieurs
8. tous
9. chaque
10. nul
11. diverses
12. quelques

12-23B

1. b
2. a
3. b
4. a
5. a
6. b
7. b
8. a
9. b
10. a
11. b
12. a

12-24

1. l'   en
2. l'   en
3. la   en
4. la   en
5. la   en
6. le   au
7. l'   en
8. l'   en
9. la   en
10. la   en
11. la   en
12. la   en
13. l'   en
14. l'   en
15. la   en
16. la   en
17. le   au
18. les   aux
19. la   en
20. le   au
21. la   en
22. la   en
23. le   au
24. la   en
25. la   en
26. la   en

12-25

1. en
2. en
3. environ
4. en
5. en
6. à
7. en
8. jusqu'à
9. à
10. aux

12-26

1a) à
1b) bicyclette
2a) en
2b) voiture
3a) à
3b) pied

12-27

1. à
2. de
3. en
4. en
5. au
6. d'
7. en
8. en
9. au
10. en
11. aux
12. des
13. en
14. à
15. au

12-28

1. à côté de
2. près de
3. loin de
4. chez
5. en
6. au
7. à
8. parmi
9. en
10. en
11. à
12. en
13. jusqu'au
14. loin de
15. au milieu de

12-29

1. g
2. j
3. a
4. i
5. f
6. c
7. e
8. b
9. h
10. d

12-30

1. a, b, c
2. a, c, d
3. b, c
4. c, d

12-31

Pour moi, l'Europe c'est la possibilité d'aller étudier dans un autre pays d'Europe et de rencontrer beaucoup de jeunes. C'est aussi un optimisme face à l'avenir. L'Europe est vieille et très diverse mais ses projets et idéaux sont très modernes. Je pense que les jeunes d'Europe, même si parfois ils ont du mal à expliquer leur identité commune, se sentent fondamentalement européens. Certains de mes amis veulent une plus grande intégration ; d'autres souhaitent qu'une constitution soit ratifiée. Plusieurs s'intéressent à l'écologie et à la solidarité sociale et sont heureux des prises de position de l'Union dans ces domaines. Quelques-uns voudraient même que l'Union ait un rôle politique international. Tous mes amis croient que les valeurs de l'Union : démocratie et respect des droits de l'homme, par exemple, doivent être partagées et disséminées. Pour eux, le futur passe par l'Europe plus que par leur propre pays.

12-32

1. environ (across)
1. entre (down)
2. rayonner
3. NC (Nouveau Centre)
4. vers
5. acier
6. loin
7. chez
8. outre
9. divers
10. quelques
11. croissance
12. plusieurs
13. toutes
14. paix
15. concurrence